O CORPO HUMANO
ATLAS ESCOLAR

SUMÁRIO

O CORPO HUMANO 2
SISTEMA NERVOSO 4
SISTEMA ENDÓCRINO 6
SISTEMA LINFÁTICO 8
SISTEMA CIRCULATÓRIO 10
O CORAÇÃO 12
SISTEMA RESPIRATÓRIO 13
SISTEMA DIGESTÓRIO.. 16
SISTEMA URINÁRIO... 18
SISTEMA ESQUELÉTICO 20
SISTEMA MUSCULAR 22
SISTEMA SENSORIAL.. 23
SISTEMA REPRODUTOR....................................... 26
SISTEMA IMUNOLÓGICO 28
GENÉTICA... 30
FUNÇÕES DO CORPO HUMANO 32

O CORPO HUMANO

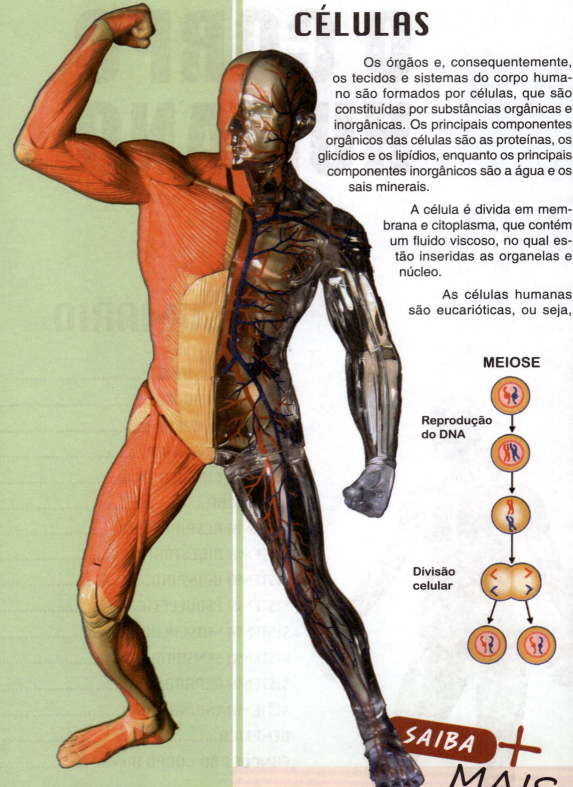

CÉLULAS

Os órgãos e, consequentemente, os tecidos e sistemas do corpo humano são formados por células, que são constituídas por substâncias orgânicas e inorgânicas. Os principais componentes orgânicos das células são as proteínas, os glicídios e os lipídios, enquanto os principais componentes inorgânicos são a água e os sais minerais.

A célula é divida em membrana e citoplasma, que contém um fluido viscoso, no qual estão inseridas as organelas e núcleo.

As células humanas são eucarióticas, ou seja,

MEIOSE

Reprodução do DNA

Divisão celular

Divisão do corpo humano

Tradicionalmente o corpo humano é dividido em cabeça, pescoço, tronco e membros (superiores e inferiores). O crânio e a face constituem a cabeça; o tórax, o abdômen e a pelve formam o tronco; enquanto os membros superiores são os braços, antebraços, mãos e ombros, e os membros inferiores são o quadril, as coxas, as pernas e os pés.

SAIBA + MAIS

As células se dividem por mitose ou meiose. Na mitose são formadas duas novas células, que possuem o mesmo número de cromossomos da célula-mãe. Na meiose são formadas quatro novas células que possuem a metade de cromossomos da célula-mãe, já que esse processo apresenta uma duplicação e duas divisões nucleares. A formação dos gametas se dá por meiose.

apresentam uma organização complexa com vários compartimentos membranosos, sendo que entre eles está o núcleo. A palavra "eucariótico" significa núcleo verdadeiro, ou seja, define o tipo de célula que possui uma membrana que impede a mistura do material nuclear com os componentes do citoplasma.

As células apresentam estruturas chamadas de organelas, responsáveis por desempenharem funções específicas. As principais organelas das células humanas são retículo endoplasmático, complexo de Golgi, centríolos, os ribossomos, os lisossomos e as mitocôndrias.

Trocas entre células e o meio extracelular

Existem diferentes mecanismos para as trocas entre a célula e o meio extracelular. Um deles é a difusão, processo pelo qual as moléculas passam pela membrana plasmática da célula por diferença de concentração entre o meio intracelular e o meio extracelular. A direção da difusão é da região onde essas partículas estão em quantidade maior para a região onde elas estão em menor número. Trata-se de um processo que não gasta energia para ser realizado, sendo por isso chamado de processo passivo.

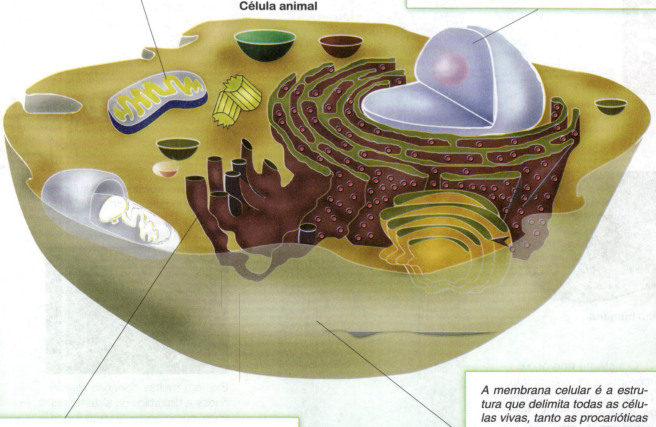

A mitocôndria é uma das organelas mais importantes sendo utilizada para a respiração celular. É abastecida pela célula que a hospeda com substâncias orgânicas como oxigênio e glicose, as quais processa e converte em energia, que devolve para a célula hospedeira.

O núcleo celular é delimitado pelo envoltório nuclear e se comunica com o citoplasma por meio dos poros nucleares. O núcleo possui duas funções básicas: regular as reações químicas que ocorrem dentro da célula e armazenar as informações genéticas da célula.

Célula animal

O retículo endoplasmático é formado por canais delimitados por membranas. O mesmo pode ser considerado como uma rede de distribuição, levando material de que a célula necessita, de um ponto a outro. Possui também a função de transporte e meio de comunicação entre o núcleo celular e o citoplasma.

A membrana celular é a estrutura que delimita todas as células vivas, tanto as procarióticas como as eucarióticas. Ela estabelece a fronteira entre o meio intracelular, o citoplasma, e o meio extracelular, que pode ser a matriz dos diversos tecidos.

SISTEMA NERVOSO

Sistema nervoso central (SNC)

Encéfalo

Sistema nervoso periférico (SNC)

Nervos

Medula

Olho humano

O sistema nervoso é composto pelo encéfalo, medula espinhal, nervos e gânglios e tem como função a propagação de impulsos elétricos pelo organismo, ocasionando ações e reações voluntárias ou involuntárias.

O sistema nervoso periférico é composto pelas ramificações do sistema nervoso central (gânglios e nervos sensitivos, motores e mistos). Essa parte do sistema nervoso é responsável por emitir impulsos para o SNC e receber estímulos do mesmo, para depois transformá-los em ações.

Existe também o sistema nervoso autônomo, que desempenha suas atividades a partir de comandos involuntários.

As principais células desse sistema são os neurônios, sendo que estes são constituídos por uma parte denominada corpo celular (onde está localizado o núcleo da célula), outra chamada de dendrito e uma denominada axônio.

O sistema nervoso pode ser dividido em sistema nervoso central (SNC) e sistema nervoso periférico (SNP). O SNC é formado pela parte cefálica e pela medula espinhal. Esse subsistema recebe os impulsos da parte periférica e promove diferentes reações.

SAIBA + MAIS

O cérebro humano possui cerca de 100 bilhões de neurônios! Isso significa metade das estrelas da via láctea!

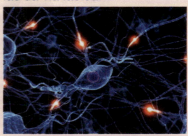

Existem muitas doenças relacionadas a distúrbios do sistema nervoso, como acidente vascular cerebral (AVC), ataques epilépticos, cefaleias, doenças degenerativas do sistema nervoso, esclerose múltipla, doença de Parkinson, doença de Alzheimer, entre outras. A fotografia ao lado mostra um quadro avançado de meningite.

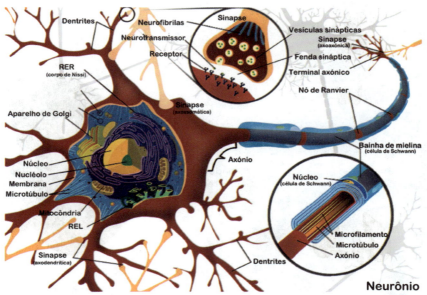

Neurônio

O sistema nervoso autônomo pode ser dividido em:

- **Simpático:** promove atividades de acordo com a liberação de adrenalina. Efeitos: dilatação das pupilas, aumento dos batimentos cardíacos, dilatação dos vasos sanguíneos, inibição dos movimentos peristálticos, entre outros.

- **Parassimpático:** promove ações antagônicas ao sistema nervoso autônomo simpático, de acordo com a liberação de acetilcolina ou noradrenalina. Efeitos: constrição das pupilas, diminuição dos batimentos cardíacos, constrição dos vasos sanguíneos, estímulo dos movimentos peristálticos, entre outros.

Cérebro: constituído pelos hemisférios direito e esquerdo. A sua parte exterior é chamada de córtex cerebral, sendo que este é caracterizado por apresentar sulcos e giros.

Cerebelo: é conectado por fibras nervosas ao córtex cerebral e tem como principal função a coordenação de movimentos e orientação da postura corporal.

Bulbo: responsável pela ligação entre o cérebro e a medula espinhal. Apresenta várias funções relacionadas à digestão, circulação e respiração.

Medula espinhal: é um cordão cilíndrico localizado no interior da coluna vertebral. Tem como função conduzir impulsos nervosos para o cérebro e também conduzir estímulos do cérebro para músculos e glândulas. Além de intermediar a comunicação do corpo com o encéfalo, a medula é capaz de produzir respostas involuntárias simples a estímulos específicos.

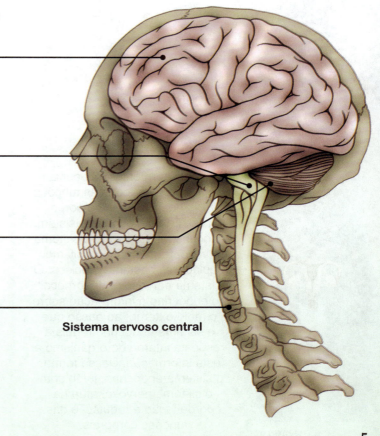

Sistema nervoso central

SISTEMA ENDÓCRINO

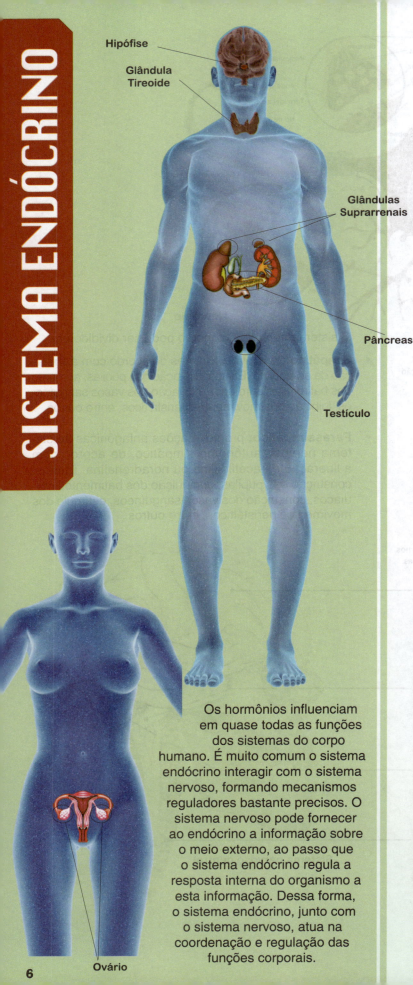

- Hipófise
- Glândula Tireoide
- Glândulas Suprarrenais
- Pâncreas
- Testículo
- Ovário

Glândulas Suprarrenais

Suprarrenais: são duas glândulas que se localizam acima dos rins e produzem principalmente a adrenalina e a noradrenalina, que controlam a pressão arterial.

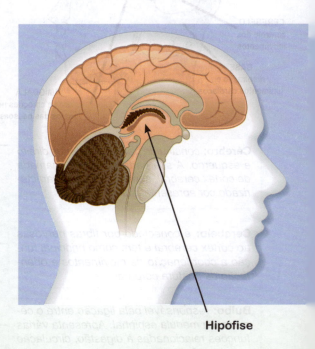

Hipófise

Os hormônios influenciam em quase todas as funções dos sistemas do corpo humano. É muito comum o sistema endócrino interagir com o sistema nervoso, formando mecanismos reguladores bastante precisos. O sistema nervoso pode fornecer ao endócrino a informação sobre o meio externo, ao passo que o sistema endócrino regula a resposta interna do organismo a esta informação. Dessa forma, o sistema endócrino, junto com o sistema nervoso, atua na coordenação e regulação das funções corporais.

Hipófise: está localizada na base do encéfalo, abaixo do hipotálamo. Possui dois lobos, que produzem vários hormônios que desempenham diferentes funções. Conhecida como glândula "mestra", ela coordena o funcionamento das demais glândulas, porém não é independente, obedecendo a estímulos do hipotálamo.

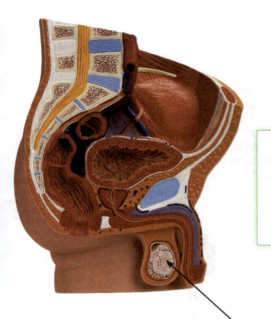
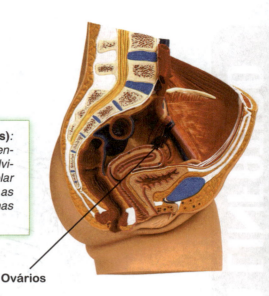

Gônadas (testículos e ovários): *produzem hormônios que influenciam no crescimento e desenvolvimento do corpo além de controlar o ciclo reprodutivo e determinar as características sexuais femininas e masculinas.*

Testículos

Ovários

Tireoide: *localizada abaixo do pescoço, é uma importante glândula que produz hormônios cujas principais funções são regular o metabolismo do corpo. Paratireoides: são quatro pequenas glândulas localizadas atrás da tireoide e que produzem o paratormônio, responsável pela liberação de cálcio dos ossos.*

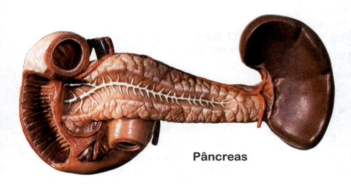

Pâncreas

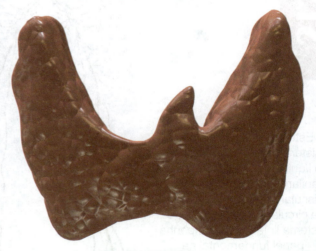

Glândula Tireoide

Pâncreas: *encontra-se na região abdominal, do lado esquerdo, atrás do estômago. Secreta o suco pancreático, composto por enzimas que atuam no processo de digestão.*

Você sabia que a diabetes pode estar relacionada ao funcionamento do pâncreas, um dos órgãos do sistema endócrino? Neste caso, o pâncreas não produz insulina ou a produz em quantidades muito baixas. Com a falta de insulina, a glicose não entra nas células, permanecendo na circulação sanguínea em grandes quantidades.

Atualmente, a Organização Mundial da Saúde estima que cerca de 240 milhões de pessoas sejam diabéticas em todo o mundo, o que significa que 6% da população tem diabetes.

Distúrbios hormonais podem gerar uma infinidade de doenças, como a diabetes, obesidade, hipotireoidismo, hipertireoidismo, puberdade precoce ou retardada, distúrbios de crescimento, tumores, osteoporose, entre outras.

SISTEMA LINFÁTICO

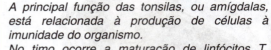

A principal função das tonsilas, ou amígdalas, está relacionada à produção de células à imunidade do organismo.
No timo ocorre a maturação de linfócitos T. Trata-se de um órgão localizado anteriormente ao coração e dividido em dois lobos (direito e esquerdo).

Amígdalas

Timo

O baço tem como principal função a produção de linfócitos.

Os linfonodos são órgãos linfáticos arredondados que se ligam a vasos linfáticos e que apresentam como principal função a filtração da linfa e a eliminação de corpos estranhos que ela possa conter, como vírus e bactérias.

Este sistema, paralelo ao sistema circulatório, recolhe o líquido que não voltou aos capilares sanguíneos (líquido tissular), filtra-o e devolve-o à circulação. Além disso, o sistema linfático desempenha papel fundamental na proteção do corpo humano contra infecções.
É constituído por uma rede de capilares (vasos semelhantes a veias) localizados por todo o corpo. Os capilares que apresentam espessura mais fina unem-se a vasos linfáticos maiores que, por sua vez, desembocam em dutos e seguem para veias.
Os órgãos linfáticos são as amígdalas (tonsilas), baço, os linfonodos (nódulos linfáticos) e o timo (tecido conjuntivo reticular linfoide: rico em linfócitos).

Canal aferente

Cápsula

Nódulo

Linfonodos

Canal aferente

O Brasil contra o
ZIKA

Zika vírus é uma infecção causada pelo vírus ZIKV, transmitida pelo mosquito *Aedes aegypti*, mesmo transmissor da dengue e da febre chikungunya. A primeira aparição da doença foi registrada em 1947, em macacos da Floresta Zika, Uganda. No ano de 1954, na Nigéria, os primeiros seres humanos foram contaminados. O vírus Zika atingiu a Oceania em 2007 e a França no ano de 2013.

O Brasil notificou os primeiros casos de Zika vírus em 2015, no Rio Grande do Norte e na Bahia. Porém, o que tornou o Zika uma preocupação nacional foi a possibilidade da doença estar relacionada ao aumento acelerado dos casos de microcefalia, uma malformação que faz com que o crânio dos bebês seja menor do que o normal, deixando diversas sequelas.

Os sinais de infecção causados pelo Zika vírus são parecidos com os sintomas da dengue, e começam de 3 a 12 dias após a picada do mosquito. Os sintomas mais comuns de Zika vírus são:

- Febre entre 37,8 e 38,5 graus;
- Dor nas articulações;
- Dor muscular;
- Dor de cabeça e atrás dos olhos;
- Erupções na pele, acompanhadas de coceira. Podem afetar o rosto, o tronco e alcançar membros periféricos, como mãos e pés.

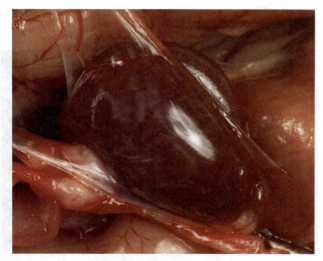
Amígdala

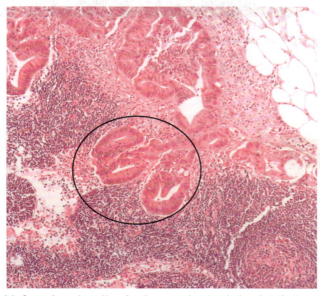
Baço

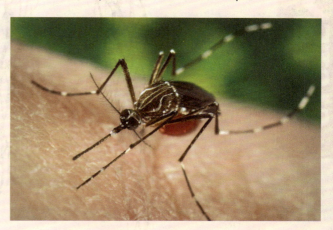

O mosquito *Aedes aegypti* mede menos de um centímetro, tem aparência inofensiva, cor café ou preta e listras brancas no corpo e nas pernas. Costuma picar nas primeiras horas da manhã e nas últimas da tarde, evitando o sol forte.

O ciclo de transmissão ocorre do seguinte modo: a fêmea do mosquito deposita seus ovos em recipientes com água. Ao saírem dos ovos, as larvas vivem na água por cerca de uma semana. Após este período, transformam-se em mosquitos adultos, prontos para picar as pessoas.

Por enquanto, não há vacina para Zika vírus. A única forma de prevenir o contágio é o uso frequente de repelentes e, principalmente, através do controle do mosquito. Para impedir que o *Aedes aegypti* se reproduza, é necessário evitar o acúmulo de água parada em garrafas, calhas, pneus, vasos de plantas, caixas d'água, lonas, etc.

Linfonodos visualizado de um microscópio eletrônico (linfonodo em destaque)

SISTEMA CIRCULATÓRIO

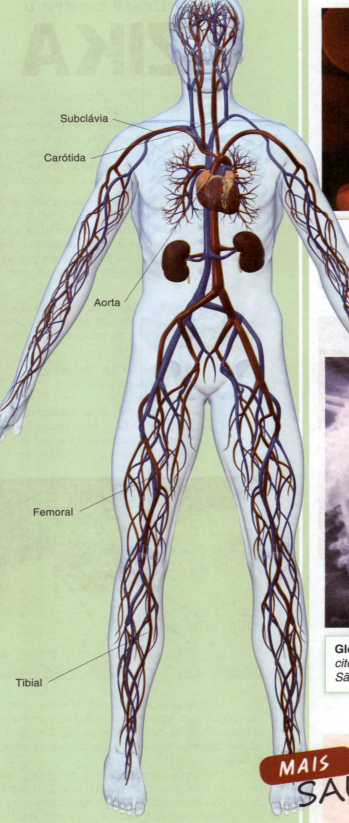

- Subclávia
- Carótida
- Aorta
- Femoral
- Tibial

Glóbulos vermelhos: também conhecidos como hemácias, ou eletrócitos, são células anucleadas, circulares e bicôncavas responsáveis pelo transporte de oxigênio.

Glóbulos brancos: também conhecidos como leucócitos, exercem atividades nos vários tecidos do corpo. São responsáveis pela imunidade do organismo.

As funções básicas do sistema circulatório são o transporte de material nutritivo e oxigênio para as células e o carregamento de resíduos do metabolismo celular para os órgãos, como o fígado e os rins, que farão sua eliminação. Compõem este sistema o sangue (plasma e elementos celulares), o coração e os vasos sanguíneos.

MAIS + SAÚDE

Médicos e especialistas recomendam a prática de exercícios físicos e falam que isto faz bem para o sistema circulatório. Mas você sabe por quê?

É importante destacar: nosso corpo não foi projetado para ficar parado e, por isso, exige que seja movimentado, o que ajuda na oxigenação do organismo. Em um minuto, o sangue circula todo o corpo humano e quase um litro de sangue passa pelo cérebro. Isto quando estamos parados, imagine quando nos movimentamos!

O sangue é um líquido circulatório composto de plasma (líquido incolor que transporta pequenas moléculas em solução, metabólitos, hormônios, gases e íons), no qual estão mergulhados elementos celulares: glóbulos brancos, glóbulos vermelhos e plaquetas.

O sangue se desloca dentro do coração passando através de quatro valvas: aórtica, pulmonar, e as outras duas são as valvas átrio-ventriculares direita (tricúspide) e esquerda (bicúspide ou mitral). A denominação de válvulas é feita para as partes que formam as valvas. Por exemplo, a valva aórtica é formada por três válvulas.

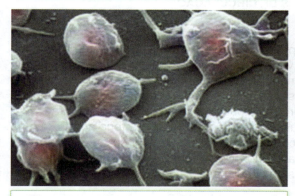

Plaquetas: são fragmentos celulares que constituem um fundamental elemento do líquido circulatório. São aproximadamente discoidais, anucleadas e desempenham importante papel na cicatrização.

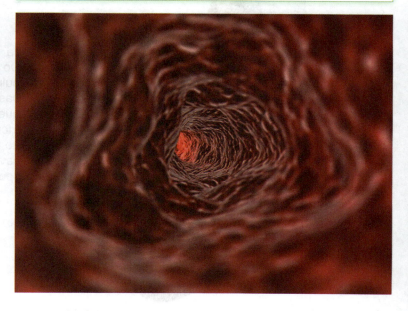

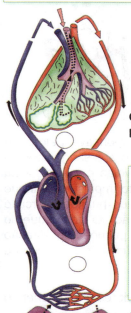

O sangue passa pelos alvéolos pulmonares

O sangue é bombeado pelo coração

Vasos sanguíneos: tubulações que saem do coração e retornam a ele, formado ductos por onde o sangue flui pelo organismo. Podem ser distinguidos em três tipos fundamentais: artérias, veias e capilares.

O sangue oxigena as células e recebe os nutrientes necessários

• **Artérias:** vasos que transportam sangue do coração para os tecidos de todo o corpo. Possuem uma parede muscular espessa e bastante elástica.

• **Veias:** vasos que reconduzem o sangue captado dos órgãos e tecidos até o coração. Apresentam paredes finas de pouca elasticidade, com válvulas internas que impedem o refluxo do sangue.

• **Capilares:** vasos de calibre fino com paredes permeáveis por onde ocorre a troca de gases, nutrientes, hormônios e restos metabólicos entre as células e o sangue. A grande ramificação desses pequenos vasos assegura que todas as células do corpo estejam muito próximas de vasos capilares.

O sangue do tipo O é conhecido como DOADOR UNIVERSAL. Ele pode ser injetado em qualquer pessoa. Mas quem tem esse tipo de sangue só pode receber transfusões do tipo O. Já o sangue AB é o RECEPTOR UNIVERSAL, ou seja, pode receber qualquer tipo de sangue.

Uma pessoa normal possui cerca de cinco litros de sangue, representando até 7% de seu peso. Ele é vermelho vivo nas artérias e vermelho escuro nas veias. Se somarmos o comprimento de todos os vasos sanguíneos do corpo, é possível alcançar um número impressionante: 96500 km! Mais de três voltas ao redor do planeta Terra!

Em uma gota de sangue existem cerca de 5 milhões de glóbulos vermelhos para aqueles que vivem ao nível do mar. No entanto, para quem vive em regiões de altitudes elevadas, essa mesma gota de sangue terá 7 milhões de glóbulos vermelhos! Diariamente, o organismo destrói mais de 1 trilhão de glóbulos vermelhos e esta quantidade é reposta constantemente. Nessa mesma gota, temos 9 mil glóbulos brancos e 250 mil a 500 mil plaquetas sanguíneas. Existem 10 bilhões de vasos capilares no corpo humano, onde é feita a transferência de oxigênio para as outras células do organismo.

O CORAÇÃO

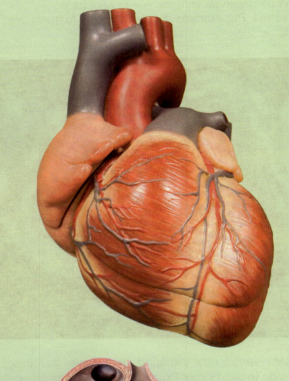

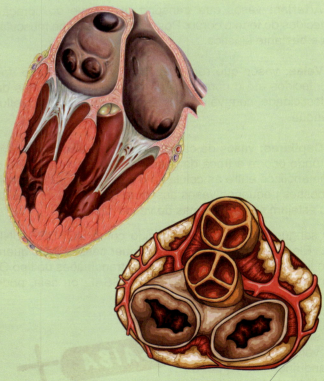

Coração: órgão muscular oco com quatro cavidades (duas aurículas, ou átrios, e dois ventrículos). Esse órgão localiza-se na cavidade torácica e é recoberto por um revestimento fibroso, o pericárdio. O tecido muscular que forma suas paredes é chamado de miocárdio.

Sístole e diástole

A contração dos músculos cardíacos recebe o nome de sístole e o relaxamento desses músculos de diástole.

TIPOS DE CIRCULAÇÃO

Primeiro, o sangue chega ao átrio direito passa pela tricúspide e vai para o ventrículo direito. Do ventrículo direito, o sangue passa pela artéria pulmonar e entra no pulmão onde troca de sangue, passando a ser sangue arterial, e entra no átrio esquerdo que passa através da bicúspide para o ventrículo esquerdo e passa pela artéria aorta. Retorna ao coração como sangue venoso, através da veia cava inferior. Desta forma, podemos identificar dois tipos de circulação:

- **Pequena circulação** - coração, pulmões, coração, ventrículo direito, pulmões, artéria esquerda.
- **Grande circulação** - coração, sistema, coração, ventrículo esquerdo, sistema, artéria direita.

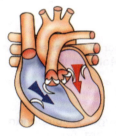 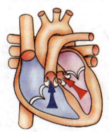

O coração é o órgão responsável pelo bombeamento do sangue para os vasos sanguíneos. O coração recebe sangue das veias e o impulsiona para as artérias. O lado direito impulsiona sangue vindo do corpo em direção aos pulmões (circuito pulmonar ou pequena circulação). O lado esquerdo bombeia sangue oriundo dos pulmões em direção aos demais órgãos do corpo (circuito sistêmico ou grande circulação).

- **Átrios**: cavidades superiores que recebem o sangue trazido pelas veias.
- **Ventrículos**: cavidades inferiores que impelem o sangue para o interior das artérias.

A temperatura do sangue no coração é de 38,8° Celsius. Já no fígado, ela aumenta para 40°. A principal fábrica de sangue é a medula óssea, que produz duzentos mililitros de sangue por minuto.
A aorta é a maior artéria do corpo. Mede cinco centímetros de diâmetro e distribui o sangue a todas as partes do coração. Já a carótida é uma importantíssima artéria que leva o sangue até a cabeça.

SISTEMA RESPIRATÓRIO

O ar inspirado é uma composição de gases nas seguintes proporções: nitrogênio (79,02%), oxigênio (20,94%) e gás carbônico (0,04%). Já o ar expirado é composto de 79,02% de nitrogênio, 16,5% de oxigênio e 4,48% de gás carbônico. Na inspiração, o oxigênio é absorvido e, na expiração, o gás carbônico é eliminado. Já o gás nitrogênio não é absorvido na respiração.

O mecanismo de transporte desses gases no organismo envolve vários fenômenos e pode ser simplificados em duas etapas: a aquisição de oxigênio (O_2) e eliminação de dióxido de carbono (CO_2).

- **Aquisição de O_2**: o transporte de oxigênio é feito em quatro etapas: inspiração, hematose, formação de oxiemoglobina e difusão para os tecidos.

  - **Inspiração**: fluxo de O_2 da boca e/ou nariz até os alvéolos pulmonares;

  - **Hematose**: passagem de O_2 para o interior do vaso sanguíneo;

  - **Formação de oxiemoglobina**: acontece no sangue, quando a maioria do O_2 penetra nas hemácias e se combina com moléculas de hemoglobina, formando a oxiemoglobina;

  - **Difusão do O_2 para os tecidos**: quando o sangue rico em O_2 chega aos tecidos, o O_2 se desliga da hemoglobina passando para o interior das células. Ao mesmo tempo CO_2 passa do interior da célula para o sangue. O sangue, agora carregado de CO_2, retorna ao pulmão para ser novamente oxigenado.

- **Eliminação de CO_2**: as células vivas estão constantemente produzindo dióxido de carbono (CO_2), acarretando um contínuo fluxo de CO_2 para o sangue. Uma vez no sangue, ele é transportado até os pulmões por meio do plasma sanguíneo (fora das hemácias) na forma de bicarbonatos e, em contato com o alvéolos, são eliminados na respiração.

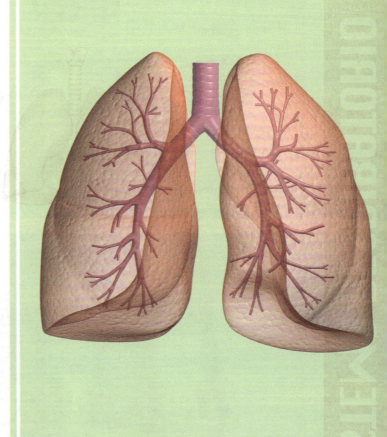

MAIS SAÚDE

Existem diversas doenças que podem se desenvolver no sistema respiratório, que vão desde complicações respiratórias, como asma e bronquite, até problemas mais graves como câncer. O pulmão é um ótimo ambiente para o desenvolvimento de vírus e bactérias, justamente por ser bem ventilado e úmido, além de ter uma temperatura ideal para a reprodução de agentes infecciosos.

Uma das doenças mais graves e que ainda atinge milhões de brasileiros é a tuberculose. A doença, fatal se não tratada, levou à morte diversas personalidades históricas, como D. Pedro I, Manuel Bandeira, Álvares de Azevedo e Noel Rosa. Todos os anos, 60 milhões de pessoas são infectadas e, apesar de hoje haver tratamento, 2,5 milhões de pessoas morrem todos os anos vítimas do Bacilo de Koch, bactéria que causa a doença.

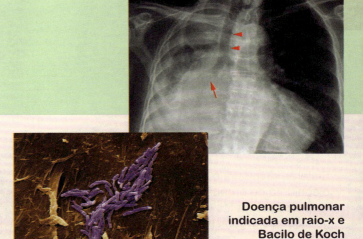

Doença pulmonar indicada em raio-x e Bacilo de Koch

SISTEMA RESPIRATÓRIO

A inspiração e a expiração

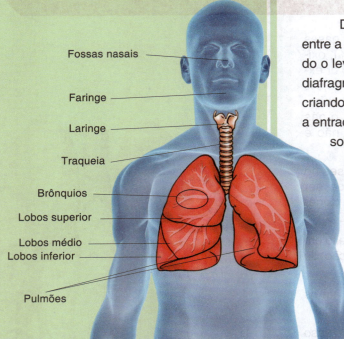

Durante a inspiração, os músculos localizados entre a costela e o diafragma se contraem, ocasionando o levantamento das costelas e o abaixamento do diafragma, expandindo a caixa torácica e os pulmões, criando um "vácuo" no interior do pulmão e permitindo a entrada do ar. Já na expiração, o diafragma relaxa e sobe. Os músculos intercostais também relaxam, abaixando as costelas. Em consequência a esse relaxamento dos músculos, a caixa torácica diminui de volume, aumentando a pressão interna, causando a expulsão do ar inspirado anteriormente.

O sistema respiratório é composto pelos seguintes órgãos: fossas nasais, faringe, laringe, traqueia, brônquios, bronquíolos e pulmões.

- **Fossas nasais**: são dois condutos paralelos, revestidos por mucosa, separados por um septo de cartilagem, que se iniciam nas narinas e terminam na faringe.
- **Faringe**: é um conduto comum tanto ao sistema digestório como ao sistema respiratório.
- **Laringe**: é um conduto cartilaginoso, posicionado na parte anterior do pescoço.
- **Traqueia**: é um conduto com paredes reforçadas por anéis cartilaginosos, que impede que dobras ocorram e mantém a estrutura sempre aberta.
- **Brônquios**: possuem constituição semelhante à da traqueia.
- **Pulmões**: órgãos em formato cônico que abrigam os bronquíolos e alvéolos. Externamente, apresentam uma fina membrana rica em fibras elásticas e, internamente, são revestidos por um tecido epitelial.

Sistema respiratório é o conjunto de órgãos responsáveis pelas trocas gasosas do organismo com o meio ambiente, possibilitando a respiração celular.

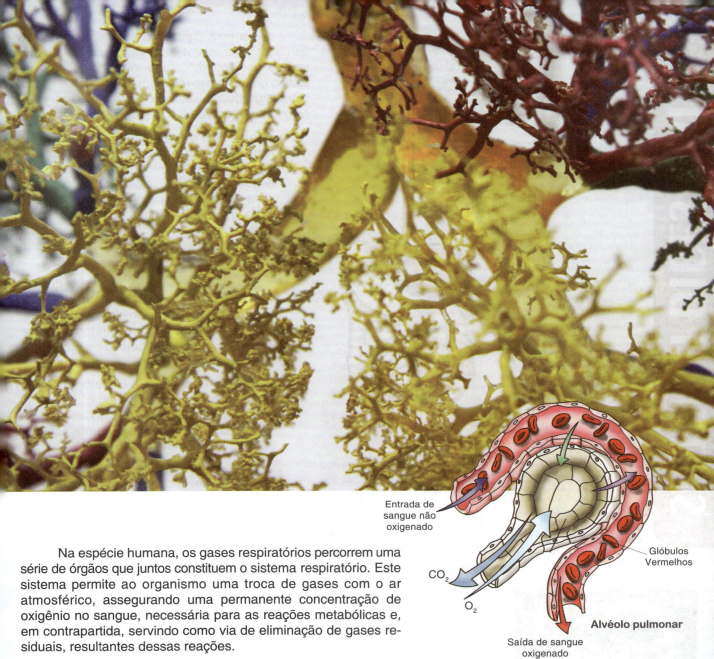

Na espécie humana, os gases respiratórios percorrem uma série de órgãos que juntos constituem o sistema respiratório. Este sistema permite ao organismo uma troca de gases com o ar atmosférico, assegurando uma permanente concentração de oxigênio no sangue, necessária para as reações metabólicas e, em contrapartida, servindo como via de eliminação de gases residuais, resultantes dessas reações.

Entrada de sangue não oxigenado
CO_2
O_2
Glóbulos Vermelhos
Alvéolo pulmonar
Saída de sangue oxigenado

SAIBA + MAIS

O espirro pode chegar a uma velocidade de 150 km/h e é causado por diversos motivos. Quando um agente estranho ao organismo penetra as narinas, o organismo ativa um mecanismo de defesa e... ATCHIM!

O espirro acontece mais ou menos assim: os receptores, que são nervos terminais da passagem nasal, detectam algum agente irritador como cheiros, poeira, alergia a animais, pimenta, vírus que atacam as mucosas, etc. Os nervos levam os impulsos ao centro do espirro no cérebro, que por sua vez envia instruções através do nervo facial e dos nervos ligados ao pulmão e ao diafragma. Os olhos começam a lacrimejar e a passagem nasal secreta fluidos. O diafragma se move abruptamente, fazendo com que a pessoa inspire profundamente. Então, o diafragma e os músculos do peito se contraem, fazendo com que o ar saia do nariz e da boca repentinamente.

SISTEMA DIGESTÓRIO

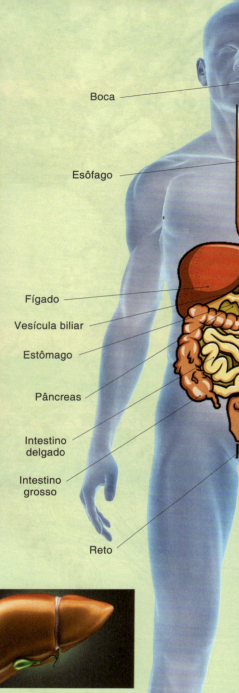

- Boca
- Esôfago
- Fígado
- Vesícula biliar
- Estômago
- Pâncreas
- Intestino delgado
- Intestino grosso
- Reto

Fígado

O sistema digestório tem como principal função a transformação de grandes partículas em partículas menores, para que estas sejam utilizadas pelas células. O processo de digestão pode ser físico (processo de trituração) ou químico (reações com outras substâncias).

O sistema digestório, também conhecido como sistema digestivo, é composto pela boca, faringe, esôfago, estômago, intestino delgado, intestino grosso e reto (que termina no ânus). Possui glândulas acessórias, como o pâncreas, o fígado, as glândulas salivares e as glândulas estomacais.

O processo de digestão do alimento é iniciado na boca, onde ocorre a digestão física do alimento. A boca é formada pelos dentes, língua e glândulas salivares, responsáveis pela mastigação, mistura e direcionamento do alimento e produção de saliva, respectivamente. Os carboidratos começam a ser digeridos quimicamente nessa região com o auxílio da ptialina.

Após passar pela boca e ser deglutido, o bolo alimentar segue para a faringe, que faz parte tanto do sistema digestório quanto do sistema respiratório e serve como canal com função de comunicar a boca ao esôfago.

O esôfago é um tubo fino que desemboca no estômago. Nele, um processo chamado de ondas peristálticas direciona, involuntariamente, o alimento para o estômago.

No estômago, o alimento entra em contato com o suco gástrico, que é uma substância composta por ácidos e enzimas, e é quebrado em moléculas cada vez menores. O sistema nervoso é responsável por estimular a secreção de hormônios e de substâncias necessárias à digestão.

Depois de passar pelo estômago, o alimento segue para o intestino delgado, onde continua a sofrer digestão na região chamada duodeno.

O pâncreas, uma glândula mista, secreta substâncias fundamentais para esse processo. Ocorre também no intestino a absorção dos produtos da digestão. Essa absorção ocorre nas regiões chamadas de jejuno e íleo, que são

SAIBA + MAIS Você sabe qual é o comprimento dos intestinos dos seres humanos? Pelo menos 7,5 metros, considerando uma pessoa adulta. Se acha que é muito, pode se surpreender ao descobrir que um cavalo adulto tem nada mais nada menos que 27 metros de intestino!

irrigadas por uma rede de capilares para onde transferem nutrientes, distribuídos pelo corpo por meio do sangue.

Após passar pelo intestino delgado, o alimento segue para o intestino grosso, onde continua a absorção de nutrientes. Em seguida, as substâncias não necessárias para o metabolismo (que não foram absorvidas) seguem para o reto e são excretadas pelo ânus no processo de defecação.

Há várias doenças relacionadas ao mau funcionamento desse sistema, como gastrites, câncer de colo intestinal, úlceras, diarreia e constipação intestinal.

Alimentos ricos em fibras

POR QUE COMER FIBRAS?

Basta alguns segundos para um bife ir da boca até o estômago, onde será triturado até formar uma pasta, por ação do ácido clorídrico. Depois de cerca de 30 ou 40 minutos, o bolo alimentar viaja para o intestino delgado. No primeiro segmento dele, o duodeno, encontra a bile e o suco pancreático repleto de enzimas, que ajudam a quebrar os carboidratos, proteínas e gorduras ingeridos em partículas menores para serem absorvidas nas duas porções desse intestino, que ficam logo abaixo, o jejuno e o íleo.

As sobras viram fezes e seguem para o cólon, onde qualquer líquido restante é absorvido e o material se solidifica. Em geral, essa passagem pelos intestinos demora de 8 a 12 horas. Mas, se a alimentação for pobre em verduras, grãos e outras fontes de fibras, o processo pode demorar até quatro dias. Como não são digeridas pelas enzimas digestivas, as fibras chegam íntegras ao intestino, "varrendo" o mau colesterol, estimulando os movimentos intestinais e facilitando a saída das fezes.

SISTEMA URINÁRIO

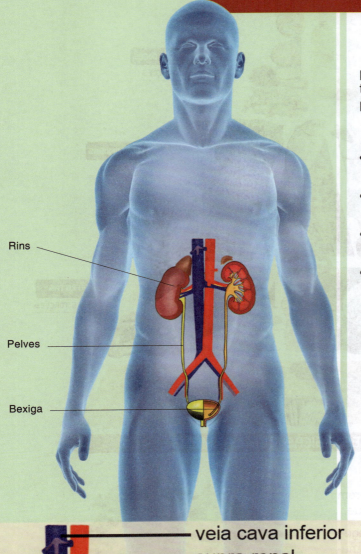

A ureia é liberada no sangue e é removida pelos rins junto com a água e sais minerais que estão em excesso no corpo e outras substâncias que podem ser prejudiciais ao nosso organismo.

O sistema urinário é composto por:

- **Rins**: responsáveis pela filtração do sangue e formação da urina;
- **Pelves renais e ureteres**: conduzem a urina até a bexiga;
- **Bexiga urinária**: armazena a urina até ela ser eliminada;
- **Uretra**: elimina a urina para o meio externo.

A principal unidade de filtração do sistema urinário é o néfron. Eles estão localizados no córtex dos rins e são os responsáveis diretos pela formação da urina. Apresentam uma forma tubular e em uma de suas extremidades está a cápsula renal, onde ocorre a filtração do sangue.

O processo de filtração do sangue se inicia com a chegada do sangue ao rim via artéria renal, que se ramifica em arteríolas aferentes. Estas penetram nas cápsulas renais do néfrons formando um aglomerado de capilares (glomérulo renal).

O sangue entra nos glomérulos em alta pressão, forçando a saída do líquido sanguíneo para a cápsula renal, formando a urina inicial. Esse líquido é composto por diversos tipos de moléculas (muitas delas serão reaproveitadas no decorrer do processo) e então ele é conduzido para o túbulo contorcido proximal. Nele, ocorre a reabsorção de glicose, aminoácidos, vitaminas e grande parte dos sais mais a água. Se alguma dessas substâncias estiver em alta concentração, ela não será totalmente reabsorvida e o excedente será eliminado na urina.

O sistema urinário é composto pelos órgãos com função de excreção de resíduos. A excreção é um processo que elimina do corpo substâncias indesejáveis, resultantes dos processos metabólicos. Algumas outras substâncias, que não são eliminadas por esse sistema, também são excretas (como o gás carbônico), apesar de o termo ser mais comumente utilizado para substâncias que contêm nitrogênio em sua composição.

O sistema renal também auxilia no controle da pressão sanguínea no nosso corpo. Quando a pressão do sangue está alta, ou a concentração de sódio aumenta, os rins liberam no sangue a enzima renina, que tem como função catalisar a formação da angiotensina. Essa proteína provoca o aumento da pressão arterial e também a secreção de aldosterona. A aldosterona é um hormônio que tem como função aumentar a reabsorção de sódio nos rins, aumentando também a pressão sanguínea.

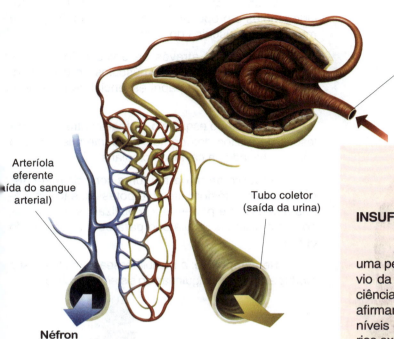

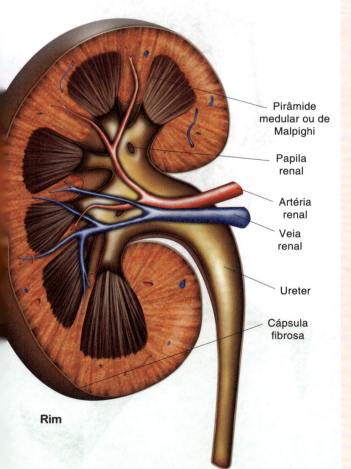

INSUFICIÊNCIA RENAL

A insuficiência renal é uma doença que expressa uma perda maior ou menor da função renal. Qualquer desvio da função renal pode caracterizar o estado de insuficiência renal. Somente a análise dessas funções permite afirmar que há perda da capacidade renal e estabelecer níveis de insuficiência renal, ou seja, são necessários vários exames para constatar essa doença.

UMA DAS PIORES DORES...

A cólica renal é muito conhecida por ser uma das piores dores. Trata-se de uma dor aguda, oscilante e que surge nos rins. É considerada uma das dores mais atrozes da medicina e, geralmente, está relacionada à presença de cálculos renais (pedras nos rins). A pedra causa obstrução da urina e, consequentemente, dilata o rim, provocando a dor. É mais comum em homens que em mulheres.

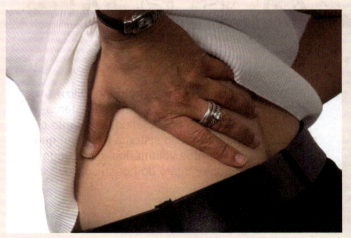

SISTEMA ESQUELÉTICO

FUNÇÕES DO ESQUELETO

Sustentação: o esqueleto dá suporte aos tecidos moles e proporciona pontos de fixação para a maioria dos músculos do corpo.

Movimento: através de articulações móveis e com a fixação de muitos músculos ao esqueleto, este desempenha um papel essencial na movimentação do corpo.

Proteção: o esqueleto protege contra possíveis lesões de muitos dos órgãos vitais internos, como o cérebro, alojado na cavidade craniana.

Reserva de minerais: uma série de minerais, como o cálcio, fósforo, sódio e potássio, são estocados nos ossos e podem ser mobilizados e distribuídos pelo sistema circulatório para outras regiões do corpo.

Hematopoiese: a medula óssea de certos ossos produz as células sanguíneas do sistema circulatório.

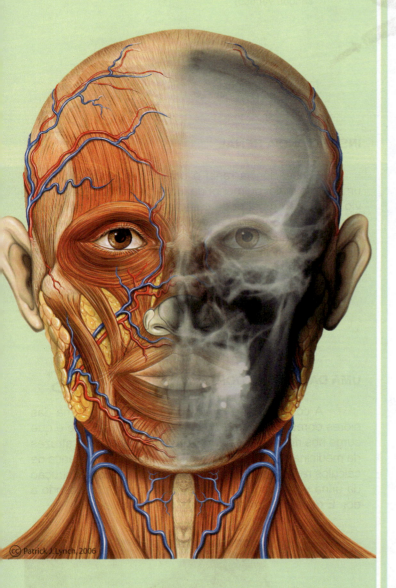

Para se locomover, o ser humano utiliza dois sistemas de forma integrada: o sistema muscular e o sistema esquelético. Enquanto o primeiro é controlado pelo sistema nervoso, que define os movimentos voluntários, o segundo garante a sustentação do nosso corpo.

O sistema esquelético pode ser dividido em ossos, cartilagens e ligamentos:

- **Ossos**: a parte orgânica dos ossos é basicamente constituída por colágeno e outros tipos de proteínas, enquanto a inorgânica é rica em sais de cálcio, fósforo e magnésio.
- **Cartilagens**: encontradas no início da formação dos ossos, formadas durante a vida intra-uterina. Trata-se de um tecido cartilaginoso, que é gradativamente substituído pelo tecido ósseo.
- **Tendões e ligamentos**: são responsáveis por manter a estrutura do sistema esquelético. Tendões são feixes que ligam os músculos esqueléticos aos ossos e são constituídos, basicamente, por tecido conjuntivo. Os ligamentos são formados por tecido conjuntivo fibroso e estão firmemente aderidos ao periósteo (membrana que envolve os ossos).

Com relação à estrutura, um típico osso longo pode ser dividido em três partes: diáfise, que corresponde à haste; e duas epífises, que correspondem às extremidades. A diáfise é constituída por um cilindro oco de osso compacto e compreende a região da cavidade medular, onde se encontra a medula óssea amarela. Já as epífises são revestidas por osso compacto, mas apresentam regiões centrais preenchidas por placas interligadas de osso esponjoso, que contém a medula óssea vermelha.

Existem muitas doenças relacionadas ao sistema ósseo: a osteoporose, a artrite, problemas relacionados a curvaturas anormais da coluna vertebral (lordose, escoliose e cifose), entre outras.

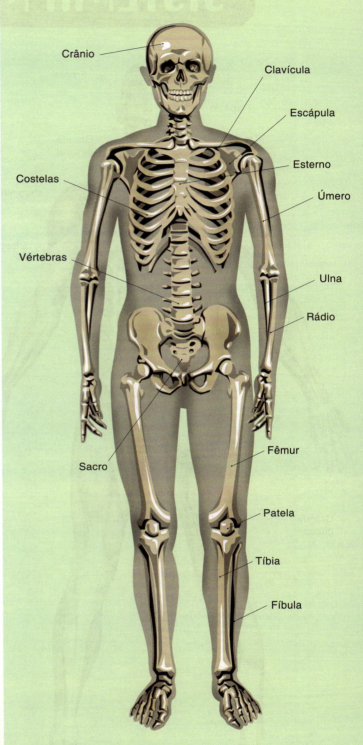

OSTEOPOROSE

A osteoporose é uma doença que atinge os ossos e se caracteriza pela quantidade de massa óssea, que diminui substancialmente e desenvolve ossos ocos, finos e de extrema sensibilidade, mais sujeitos a fraturas. Faz parte do processo normal de envelhecimento, sendo mais comum em mulheres que em homens. A doença progride lentamente e, dificilmente, apresenta sintomas antes que aconteça algo de maior gravidade, como uma fratura, que costuma ser espontânea, isto é, não relacionada a trauma. Se não forem feitos exames preventivos, a osteoporose pode passar despercebida, até que tenha gravidade maior.

O sistema esquelético é também chamado de sistema ósseo, que por estar colocado entre os tecidos moles do corpo é considerado um endoesqueleto. O esqueleto humano é o conjunto de ossos e estruturas associadas (cartilagens, tendões e ligamentos) a eles e que desempenha uma série de importantes funções: sustentação, movimento, proteção, reserva de minerais e formação de células do sangue (hematopoiese).

O desenvolvimento do esqueleto ocorre pela transformação do tecido conjuntivo do embrião em osso.

SISTEMA MUSCULAR

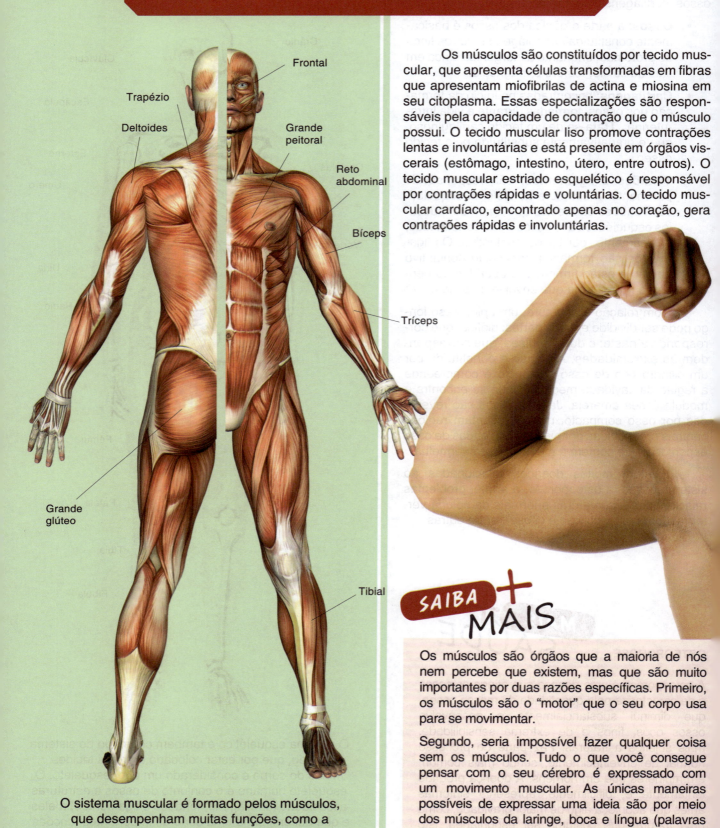

Os músculos são constituídos por tecido muscular, que apresenta células transformadas em fibras que apresentam miofibrilas de actina e miosina em seu citoplasma. Essas especializações são responsáveis pela capacidade de contração que o músculo possui. O tecido muscular liso promove contrações lentas e involuntárias e está presente em órgãos viscerais (estômago, intestino, útero, entre outros). O tecido muscular estriado esquelético é responsável por contrações rápidas e voluntárias. O tecido muscular cardíaco, encontrado apenas no coração, gera contrações rápidas e involuntárias.

O sistema muscular é formado pelos músculos, que desempenham muitas funções, como a produção dos movimentos corporais, a sustentação das posições corporais, a movimentação de substâncias no interior do corpo, manutenção térmica (produção de calor), entre outras.

SAIBA + MAIS

Os músculos são órgãos que a maioria de nós nem percebe que existem, mas que são muito importantes por duas razões específicas. Primeiro, os músculos são o "motor" que o seu corpo usa para se movimentar.

Segundo, seria impossível fazer qualquer coisa sem os músculos. Tudo o que você consegue pensar com o seu cérebro é expressado com um movimento muscular. As únicas maneiras possíveis de expressar uma ideia são por meio dos músculos da laringe, boca e língua (palavras faladas), músculos dos dedos (palavras escritas ou "gestos") ou músculos esqueléticos (linguagem corporal, dançar, correr, construir ou lutar).

SISTEMA SENSORIAL

Este sistema é constituído pelos órgãos da visão, do paladar, da audição, do olfato e do tato. É composto por células, denominadas sensoriais, que possuem a função de captarem as condições externas e internas ao ser humano.

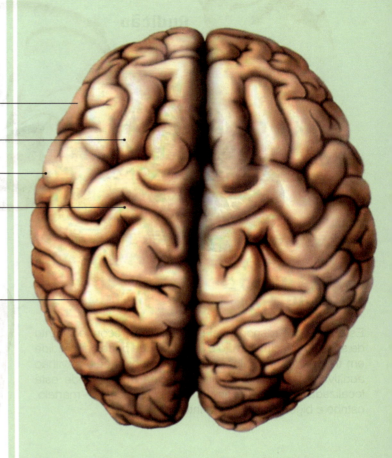

- Olfato
- Tato
- Audição
- Paladar
- Visão

Veja algumas curiosidades sobre os órgãos do sentido:

- O olho humano é capaz de diferenciar mais de 10 mil tonalidades diferentes de cores.

- Quem não tem tato ou apresenta algum distúrbio relativo a este sentido sofre de disafia e é chamado de disáfico. A ausência ou enfraquecimento do paladar é denominada ageusia, e os indivíduos que sofrem deste mal são agêusicos.

- Existem cerca de 10.000 papilas gustativas na língua que nos permitem saber exatamente aquilo que estamos comendo!

- As células do paladar e do olfato são as únicas do sistema nervoso que são substituídas quando estão velhas ou danificadas.

- 85% do nosso relacionamento com o ambiente se dá por meio da visão.

O cérebro humano é complexo e extenso. Este é imóvel e representa apenas 2% do peso do corpo, mas, apesar disso, recebe cerca de 25% de todo o sangue que é bombeado pelo coração. Divide-se em dois hemisférios: esquerdo e o direito e o seu aspecto se assemelha ao miolo de uma noz. É um conjunto distribuído de0 bilhões de células, que se estende por uma área de mais de 1 metro quadrado. É possível diferenciar certas estruturas, que correspondem às chamadas áreas funcionais, que podem cada uma abranger até um décimo dessa área. Quando um indivíduo possui alguma deficiência, as outras áreas passam a ser mais ativadas.

23

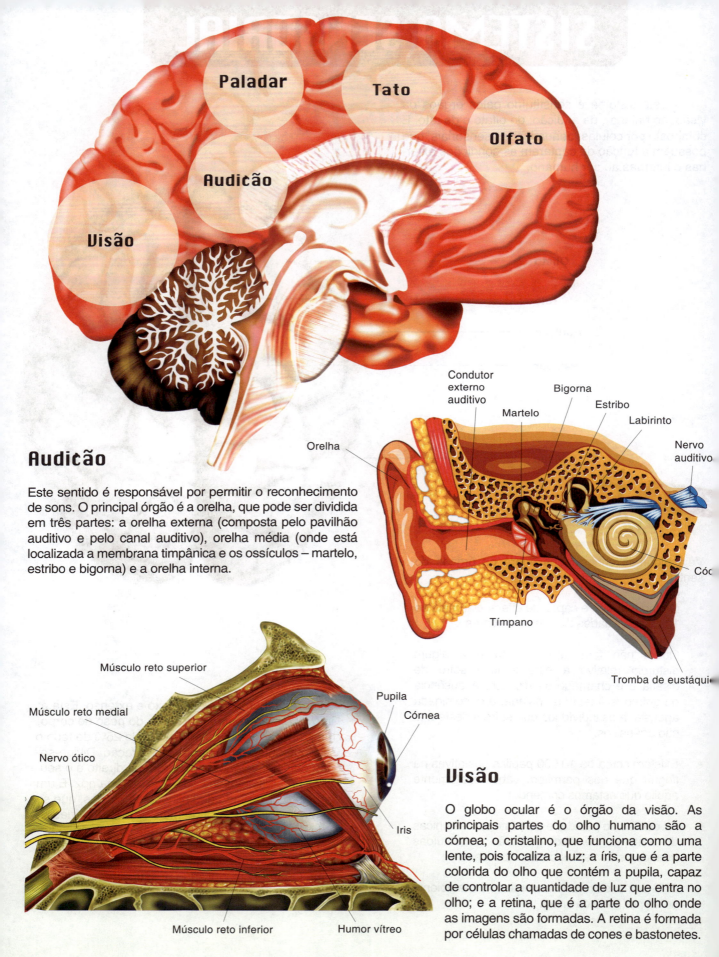

Audição

Este sentido é responsável por permitir o reconhecimento de sons. O principal órgão é a orelha, que pode ser dividida em três partes: a orelha externa (composta pelo pavilhão auditivo e pelo canal auditivo), orelha média (onde está localizada a membrana timpânica e os ossículos – martelo, estribo e bigorna) e a orelha interna.

Visão

O globo ocular é o órgão da visão. As principais partes do olho humano são a córnea; o cristalino, que funciona como uma lente, pois focaliza a luz; a íris, que é a parte colorida do olho que contém a pupila, capaz de controlar a quantidade de luz que entra no olho; e a retina, que é a parte do olho onde as imagens são formadas. A retina é formada por células chamadas de cones e bastonetes.

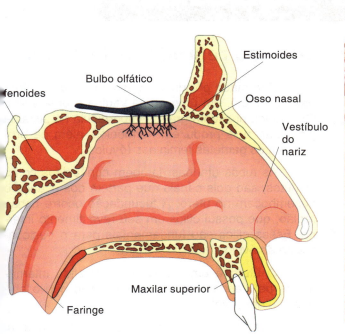

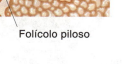

Olfato

Sentido com função de captar aromas e cheiros. Os órgãos do olfato estão localizados nas fossas nasais, que são revestidas internamente por uma mucosa. O ar é capturado por células olfativas que emitem impulsos nervosos ao cérebro que interpreta os odores.

Tato

Funções como discriminação tátil, percepção de calor, percepção da dor, entre outras, são atribuídas ao tato. O principal órgão desse sentido é a pele, que recebe inúmeros estímulos externos e os envia ao encéfalo.

Paladar

A estrutura responsável por captar diferentes sabores e gostos é a língua. Estruturas chamadas de papilas gustativas são as responsáveis pelo paladar, e são formadas por células sensoriais que estão ligadas ao cérebro por meio de fibras nervosas.
O gosto doce e salgado são melhor percebidos na ponta da língua; em contrapartida, o gosto amargo é percebido mais intensamente na parte posterior da mesma.

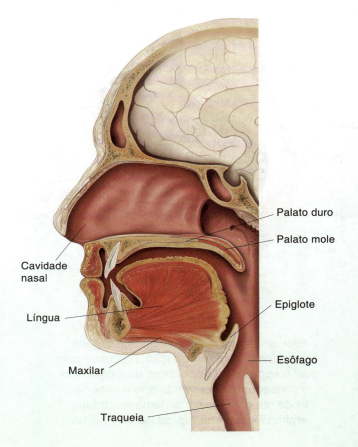

25

SISTEMA REPRODUTOR

Sistema reprodutor feminino

É formado por dois ovários, duas tubas uterinas (ovidutos), um útero, uma vagina e uma vulva. Os ovários possuem grande importância no sistema glandular, pois produzem hormônios, além de produzirem os gametas femininos (óvulos).

As tubas uterinas, também conhecidas como ovidutos, são dois canais que partem dos ovários e desembocam no útero. A fecundação ocorre nessa região, que possui cílios em seu revestimento interno. Esses cílios são fundamentais para o deslocamento do óvulo.

O útero é um órgão oco, revestido internamente pelo endométrio. É nessa região que o embrião se desenvolve.

A vagina é um tubo de paredes elásticas que vai desde o colo uterino até a vulva. O limite entre a vagina e a vulva constitui uma dobra, o hímen, que geralmente é rompido nas primeiras relações sexuais. A função da vagina é receber o pênis no coito e dar saída ao feto no momento do parto, assim como expulsar o conteúdo menstrual.

A vulva, ou pudendo feminino, é composta pelos órgãos externos do sistema reprodutor feminino. É constituída pelos lábios maiores, lábios menores, clitóris, abertura da uretra e vestíbulo da vagina.

Sistema reprodutor masculino

O sistema reprodutor masculino é constituído pelo pênis e escroto (órgãos externos), e testículos, epidídimo, ductos deferentes, glândulas seminais, próstata e uretra (órgãos internos).

O pênis é o órgão de cópula masculino. Sua extremidade é chamada de glande e é nessa região que está localizada a abertura da uretra. Esse órgão possui dois tipos de tecidos; os corpos cavernosos e o corpo esponjoso. Quando esses tecidos se enchem de sangue, o pênis torna-se rígido (ereção).

O escroto, bolsa escrotal ou saco escrotal, possui como principal função a termorregulação dos testículos para a produção de gametas masculinos, os espermatozoides.

O epidídimo é um pequeno tubo onde os espermatozoides são armazenados até a ejaculação. Após passar pelo epidídimo, os gametas masculinos seguem pelos ductos deferentes, também chamados de canais deferentes. Esses canais se unem e formam o ducto ejaculatório, onde desembocam as vesículas seminais.

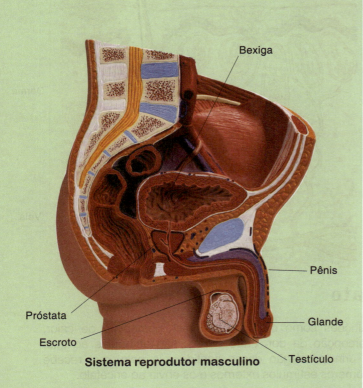

Sistema reprodutor masculino

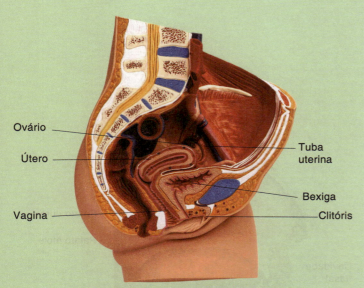

Sistema reprodutor feminino

Este sistema é constituído pelos órgãos responsáveis pela reprodução, processo pelo qual a espécie humana deixa descendentes e consequentemente mantêm a espécie. Pode ser dividido em sistema reprodutor feminino e sistema reprodutor masculino.

26

As vesículas seminais, também conhecidas como glândulas seminais, estão localizadas atrás da bexiga urinária e desempenham a função de produzir um líquido que irá nutrir os espermatozoides. A próstata também produz uma secreção nutritiva para os espermatozoides. Esse órgão localiza-se abaixo da bexiga e logo abaixo dele há um par de glândulas bulbo-uretrais.

As glândulas bulbo-uretrais liberam um líquido, que tem como função a limpeza do canal uretral antes da passagem do sêmen. A uretra, também relacionada ao sistema urinário, é o canal por onde o sêmen sai do sistema reprodutor masculino para atingir a vagina. Posteriormente, os esparmatozoides se locomovem até as tubas uterinas, onde ocorrerá a fecundação.

Gametogênese

O processo pelo qual os gametas são formados chama-se gametogênese. Gametas são células especializadas para a reprodução. A formação de espermatozoides denomina-se espermatogênese e a formação de óvulos chama-se ovulogênese.

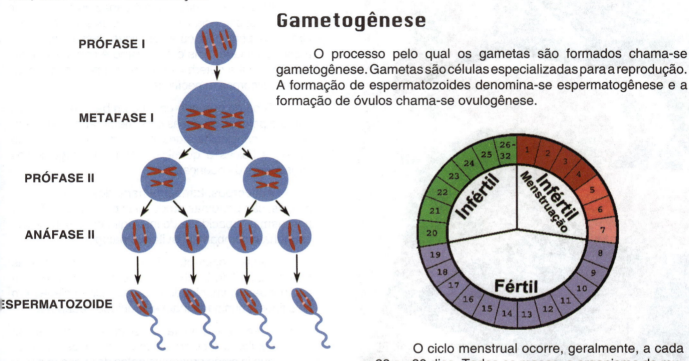

O ciclo menstrual ocorre, geralmente, a cada 28 ou 30 dias. Todos os meses, o organismo da mulher se prepara para uma possível gravidez. O endométrio se torna mais espesso e o óvulo começa a amadurecer no ovário. Depois de maduro, o gameta feminino é liberado na tuba uterina. Se for fecundado ele se prende à parede do útero (nidação); se o óvulo não for fecundado, ele é liberado, juntamente com os resíduos provenientes da descamação do endométrio no processo conhecido como menstruação.

Fecundação é o processo de união do óvulo com o espermatozoide que ocorre na tuba uterina e resulta na formação de um embrião.

MAIS SAÚDE

DST

As DST (Doenças Sexualmente Transmissíveis) são infecções causadas por bactérias, vírus ou parasitas. Elas são transmitidas através do sexo vaginal, anal ou oral com alguém que já seja portador da infecção". O perigo destas doenças está no alto risco de disseminação e nos graves danos à saúde do indivíduo infectado. As consequências podem ser desde distúrbios emocionais, doença inflamatória pélvica (DIP), infertilidade e lesões fetais, até câncer, além de facilitar a transmissão do vírus da AIDS (HIV)".

fonte: http://boasaude.uol.com.br

SISTEMA IMUNOLÓGICO

Sistema de segurança inteligente

O sistema imunológico é capaz de reconhecer inúmeras substâncias e microrganismos patogênicos. Uma das principais características desse sistema é a especificidade, pois o organismo é capaz de gerar reações contra determinado agente infeccioso produzindo anticorpos específicos.

O corpo humano conta com barreiras naturais como a pele, as mucosas e as membranas, que também são constituintes desse sistema, representando barreiras físicas e químicas contra microrganismos causadores de doenças.

Anticorpos, também chamados de imunoglobulinas, são proteínas produzidas por linfócitos B que possuem a capacidade de interagir com a substância estranha e combatê-la, evitando patogenias.

Existem diferentes classes de imunoglobulinas (IgA, IgG, IgM, IgD, IgE), que desempenham diferentes funções. A imunidade pode ser diferenciadas em dois tipos: imunidade inata e imunidade adaptativa.

- A imunidade inata consiste em mecanismos celulares e bioquímicos constitutivos, ou seja, que já estão presentes antes da infecção e preparados para respostas rápidas. As barreiras físicas são consideradas como pertencentes a esse tipo de imunidade.

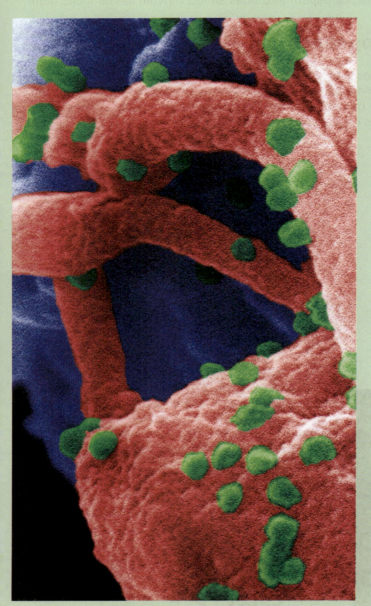

Antígenos (verde) atacando um vírus (vermelho)

O sistema imunológico é também chamado de sistema imune. Tem como principal função a proteção do organismo contra agentes estranhos que prejudicam e/ou comprometem o bom funcionamento do metabolismo. É composto por várias células como, os macrófagos, linfócitos, neutrófilos, eosinófilos, mastócitos e basófilos.

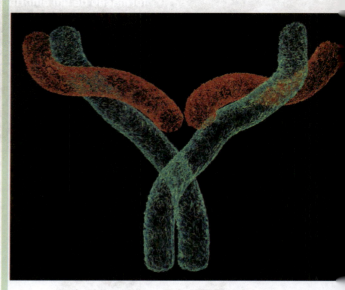

Antígenos (laranja) agindo sobre um agente estranho ao organismo

- A imunidade adaptativa é estimulada pela exposição a agentes infecciosos e aumenta a cada reexposição ao mesmo agente, ou seja, uma memória imunológica é desenvolvida.

Esse sistema é responsável pela proteção do organismo e, por esse motivo, distúrbios em qualquer um de seus componentes podem resultar em doenças. Existem as chamadas doenças autoimunes, nas quais o indivíduo produz uma resposta imune a constituintes do próprio organismo, ou seja, autoimunidade é uma resposta imune específica, contra um antígeno próprio.

Outra propriedade do sistema imune é a sensibilidade. Mesmo diante de pequenas quantidades de antígenos, a resposta imunológica é desencadeada, ou seja, células do sistema imune desencadeiam uma intensa mobilização de defesa contra substâncias estranhas que invadem o organismo (antígenos), ainda que estas se apresentem em pequenas quantidades.

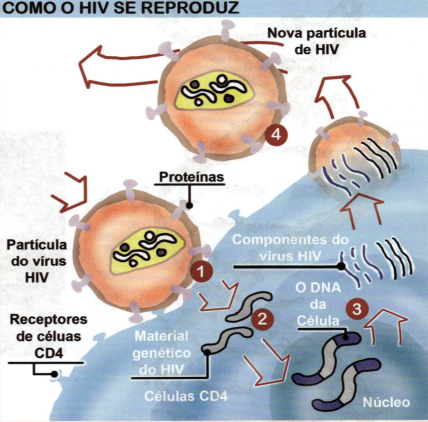

MAIS + SAÚDE

O VÍRUS HIV

O Vírus da Imunodeficiência Humana, conhecido como HIV (sigla originada do inglês: Human Immunodeficiency Virus), é um vírus pertencente à classe dos retrovírus e causador da aids.

Ao entrar no organismo humano, o HIV age no interior das células do sistema imunológico, responsável pela defesa do corpo. As células de defesa mais atingidas pelo vírus são os linfócitos CD4+, justamente aqueles que comandam a resposta específica de defesa do corpo diante de agentes como vírus e bactérias.

O HIV tem a capacidade de se ligar a um componente da membrana dos linfócitos, o CD4, e penetrar nessas células, para poder se multiplicar. O HIV usa o DNA da célula para fazer cópias de si mesmo. Depois de se multiplicar, rompe a célula e os novos vírus caem na corrente sanguínea, buscando outras células para continuar sua multiplicação.

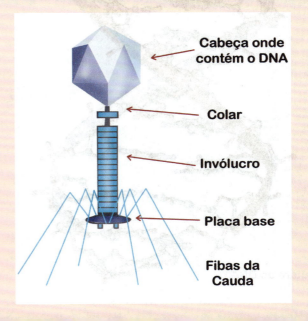

29

GENÉTICA

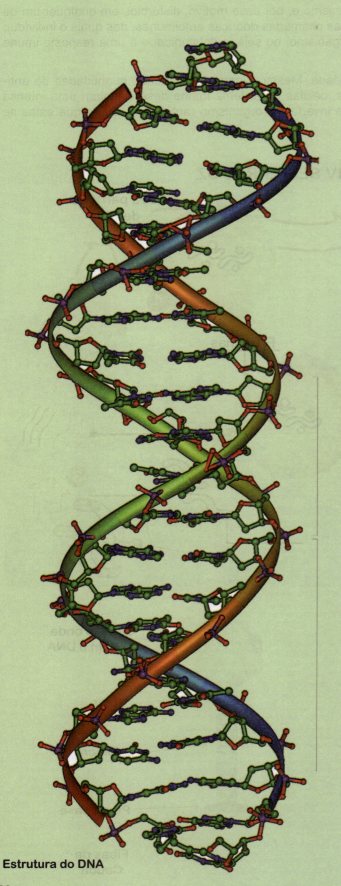

Estrutura do DNA

Engenharia genética tecnologia do DNA recombinante

A Engenharia Genética, ou Tecnologia do DNA Recombinante, é um conjunto de técnicas que permite aos cientistas identificar, isolar e multiplicar genes de quaisquer organismos. Um exemplo seria o isolamento, extração e o enxerto de gene humano para a produção de insulina em bactérias da espécie *Escherichia coli*. Essas bactérias, contendo o gene humano, multiplicam-se quando cultivadas em laboratórios, produzindo insulina, o que atualmente é realizado em grande escala.

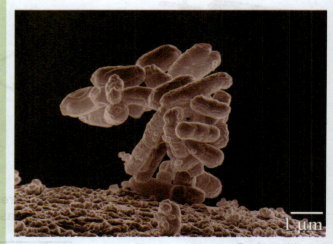

Escherichia coli

Sequência do DNA: adenina (a), citosina (C), guanina (G) e timina (T)

Clonagem

Por meio do processo de clonagem, é possível produzir várias cópias idênticas de um mesmo organismo. Utilizando a técnica do DNA recombinante, que é a união de fragmentos de DNA de diferentes fontes biológicas, é possível isolar enzimas de restrição de bactérias e cloná-las.

As enzimas de restrição promovem a fragmentação do DNA em regiões determinadas. São produzidas por bactérias e atuam na defesa delas contra os vírus, cortando os pedaços do DNA viral, porém em regiões específicas, de acordo com a sequência de bases nitrogenadas. Unindo-se um fragmento deste DNA cortado com o DNA de outro organismo, cria-se um DNA recombinante, que é introduzido em um organismo, que se reproduz, dando origem a varias cópias deste gene. Este processo chama-se clonagem de DNA.

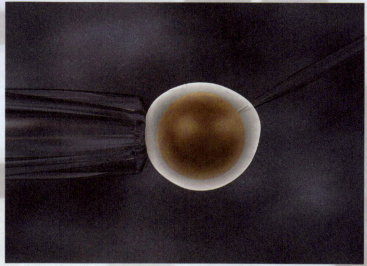

Coleta de material genético

Genoma

Na biotecnologia, ou biologia tecnológica, o genoma resume todos os dados transmitidos de uma geração de seres vivos para outra, armazenados em um organismo por meio de uma linguagem de códigos, mais precisamente no seu DNA, uma espécie de roteiro orgânico molecular que traz em si todas as orientações genéticas que supervisionam a evolução e a atuação de todas as entidades vivas e de determinados vírus – nestes o RNA assume este papel.

O genoma engloba tanto os genes, unidades essenciais no mecanismo da hereditariedade, quanto as sequências não-codificadas, anteriormente consideradas como o monturo da estrutura genética, mas agora resgatadas por novas descobertas científicas, que revelaram sua atuação significante na regulamentação dos genes, entre outras tarefas por elas cumpridas.

Enfim, todo o DNA contido nas estruturas celulares de um corpo organizado compõe o genoma, ou seja, ele é a totalidade dos genes presentes em um ser vivo; se comparado a um longo roteiro, entretecido por informações detalhadas que orientam o desenvolvimento do organismo que o contém e são legadas aos seus herdeiros, pode-se imaginar uma vasta obra, com incalculáveis páginas e palavras.

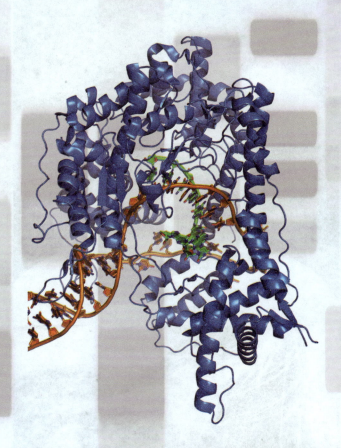

ARN (azul) produzindo um ARNm (verde) a partir de um molde de ADN (laranja)

textos adaptados do site
http://www.ufpa.br/icb/graduacao/biotecnologia/

FUNÇÕES DO CORPO HUMANO

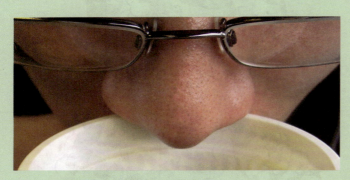

O corpo humano é constituído por sistemas, que desempenham funções específicas, sendo que todos eles são interligados e dependentes uns dos outros. Os nutrientes necessários para a realização dessas funções são obtidos pela ingestão de alimentos. A nutrição é um processo biológico indispensável para a manutenção da vida, pois as reações químicas, e consequentemente todo o metabolismo, são dependentes de compostos provenientes de alimentos.

O ser humano, assim como os outros seres vivos, relaciona-se com outros organismos e com o meio ambiente, pois está inserido no ecossistema. As interações entre os indivíduos de uma comunidade e desses indivíduos com o meio em que se encontram são denominadas relações ecológicas.

Para entender melhor o funcionamento do corpo humano é necessário um estudo mais aprofundado da anatomia e fisiologia dos sistemas.

MAIS + SAÚD

Algumas curiosidades sobre o corpo humano

- A remela é resultado de impurezas do sangue e é produzida pelo fígado.

- Uma pessoa com setenta anos de idade já produziu cerca de 30 mil litros de saliva!

- O atleta mais rápido do mundo: o espermatozoide! Você sabia que ele se locomove a 4 km/h? No entanto, o pequeno atleta perde fe para a corrente sanguínea, que chega alcanç 108 km/h! O espirro aparece em segundo l gar em velocidade, alcançando 160 km/h, ma perde para os impulsos nervosos que, acred te, alcançam a incrível marca de 350 km/h!

- Existem mais de 90 mil quilômetros de vaso sanguíneos no corpo humano! Isso é suficien para dar mais de três voltas no planeta.